Ma baby encyclopédie Larousse

La Politesse

S'il vous plaît !

Texte : **Valérie Guidoux**
Illustrations : **Charlie pOp**

Bonjour !

Larousse Jeunesse

Bonjour !

Bonjour mademoiselle !
Bonjour monsieur !

Tiens, il y a quelqu'un ! Quelle chance...
Même quand on ne se connaît pas, ça commence comme ça.

Comment tu t'appelles ?

« **Bonjour** », c'est un joli mot pour dire : « voilà, je suis là, et toi aussi ».

On peut dire bonjour comme ci ou comme ça, faire un bisou ou pas…
ça dépend des gens, ça dépend des moments.

S'il te plaît

S'il te plaît !

Tu m'emmènes
avec toi ?

S'il te plaît !

Je peux goûter ?

S'il te plaît !

Tu me le prêtes ?

« **S'il te plaît** », ça veut dire « si tu le veux bien ».
Et savoir qu'on n'est pas obligé, ça donne souvent envie de dire **oui**.

Attends,
je vais t'aider !
Merci !
Tu en veux ?
Tiens !
Merci !
Merci qui ?
Merci !
Oh, merci !

Ce n'est pas difficile de demander quand on a envie ou besoin de quelque chose,
et c'est bien mieux que de rester tout seul dans son coin.

Doucement !

Pousser pour passer, parler tout le temps, prendre sans demander, toucher à tout, crier… Non !

Ce n'est pas une bonne idée d'énerver les gens. La moindre des politesses, c'est d'éviter de transformer les autres en dragons !

C'est agréable d'être ensemble, quand personne ne prend toute la place.

Les petites attentions

Les grands font attention aux petits, les jeunes font attention aux plus âgés...

Même les enfants font attention...

C'est simple de **respecter** aussi la nature, les lieux, tout ce qui nous entoure et que l'on **partage**.

Bonne fête !
Après vous !
Comment allez-vous ?
Merci !

Quand chaque personne fait un peu **attention** aux autres,
tout le monde se sent mieux.

Un bon moment

Si tu aimes, mange doucement,
ce sera encore meilleur.

Si tu n'aimes pas, prends-en un tout
petit peu, juste pour goûter.

Serviette comme ci, mains comme ça, cuillère-ci, couteau-là...
c'est tout un art d'être à la table des grands, tu apprendras !

Bon appétit !
Qui en veut encore ?
Un morceau de pain ?
Non, merci !
Prends pas tout !

Le plus important, c'est le plaisir d'**être ensemble** et de **bien manger**.
Qui est assez grand pour aider à mettre la table, à débarrasser ?

Respect !

Arriver à l'heure
quand quelqu'un t'attend,

être attentif
quand quelqu'un te parle…

… ça change tout. La « politesse des rois »,
c'est d'être **délicat** avec les autres et pour soi.

Non,
je n'en veux pas,
merci.
Quelqu'un veut
du jus ?
Du gâteau ?
Volontiers,
merci !
Pas pour
le moment !

Comme un roi, tu peux aussi parfois dire **non**, poliment,
quand tu ne veux pas, quand tu ne peux pas.

Oh, pardon !

Bonjour monsieur ! Euh, pardon, madame !

Prout...

Oups !

Les mots de travers, les étourderies, les bruits bizarres, les petits accidents...

Glouglou !
Prrrffft !
Burp !
Oh, zut !
CLANG!

... ça peut arriver à tout le monde,
et ça arrive presque tout le temps.

Je suis désolé !
Désolé !
Excusez-moi !
Pardon !
Je m'excuse !

Personne n'est parfait ! Il vaut mieux s'excuser, et parfois en rire, plutôt que de faire comme si rien ne s'était passé.

Pas tout

Tire le rideau, on n'a pas besoin de tout montrer, ni de tout voir...

Parle doucement, on n'a pas besoin de tout dire, ni de tout entendre...

Je peux entrer ?

« Qui est là ? »
C'est mieux d'entrer quand on y est **invité**.

Je peux te poser une question ?
Fais pas de bruit ! Il dort...
Viens, on va jouer plus loin !

La politesse, c'est aussi d'être **discret**.

Attention !

Quand on est en colère,
on oublie d'être poli !

Parfois, on a du mal à être poli.
On a juste envie d'être tranquille.

Pour rire non plus, on n'est pas toujours poli...

Ɛh, ça va pas,
non ?
Arrêtez !
Ah, non !

Quand on est très nombreux, c'est plus difficile d'être polis,
mais c'est encore plus nécessaire... sinon c'est la bagarre !

Au revoir

Du matin
jusqu'au soir,

un poli polisson
est passé simplement,

comme un poisson dans l'eau,
parmi les autres gens.

On est content de le voir,
on sera content de le revoir.

À bientôt !
Porte-toi bien !
À demain.
À la prochaine fois.
Salut !

C'est pour ça qu'on lui dit, quand il s'en va :
« Au revoir. »

À toi de jouer !

1 As-tu bien regardé ?

Retrouve au fil des pages :

- le chat en colère

- l'enfant qui a fait une bêtise

- le bouquet de fleurs

- le gâteau d'anniversaire

- deux enfants qui partagent

- le mouchoir tombé par terre

- le nid d'oiseau

Réponses : p.7 : deux enfants qui partagent et le nid d'oiseau ; p.11 : le bouquet de fleurs ; p.13 : le chat en colère ; p.14 : le gâteau d'anniversaire ; p.16 : l'enfant qui a fait une bêtise ; p.22 : le mouchoir tombé par terre.

2 Poli ? Polisson ?

Combien il y a-t-il d'enfants polis ? Et de polissons ?

Réponse : Il y a 2 polis et 3 polissons.

3 Différents !

Vois-tu les cinq différences entre les deux scènes ?

Réponses : Le mouchoir a disparu ; le pull du papa est devenu gris ; une roue de la poussette a disparu ; un chat est apparu ; le garçon grognon a remplacé le garçon joyeux.

Dans la même collection :

Les Dinosaures
La Ferme
Les Abeilles
Les Animaux de la savane
Les Chevaliers et les châteaux forts
Le Chantier
Le Corps
Chez le Docteur
Le Cirque
Les bébés Animaux
Les Avions
L'Univers
Les Animaux domestiques
Les 5 sens
Les Pirates
La planète Terre
Les Transports
Paris
Les petites Bêtes
La Piscine
Les instruments de Musique
Les Bébés
Les Saisons
Le Train
Les Chiens
Les Loups
Vétérinaire
Les Chats
Les baleines et dauphins
Les Maisons du monde
Pourquoi?
Comment?

Les hommes Préhistoriques
La Maternelle
Le Jardin
Danse
Emotions
La Nuit
Le Foot
France
Le Zoo
Les Voitures
Judo
D'où ça vient ?

Direction de la publication : Sophie Chanourdie
Édition : Magali Corbel et Anne Létoré
Mise en pages : Sylvie Fécamp
Fabrication : Ombeline Canaud

21, rue du Montparnasse – 75006 Paris
ISBN : 978-2-03-598455-5
Photogravure : Irilys – Paris 13e
Imprimé en RPC
Dépôt légal : mai 2013
324841-01/11042763 - octobre 2019